수학을 사랑하게 될 세상의 모든 어린이에게 바칩니다.

영재수학동화 ⑨
피타고라스와 멋진 비율

1판 1쇄 인쇄 2011년 6월 15일
1판 1쇄 펴냄 2011년 6월 20일

지은이 | 줄리 엘리스 **그린이** | 필리스 호닝 피코크 **옮긴이** | 승영조
펴낸이 | 황승기 **편 집** | 오유미 **마케팅** | 송선경
디자인 | nous(누) **펴낸곳** | 도서출판 승산 **등록날짜** | 1998년 4월 2일
주 소 | 서울시 강남구 역삼동 723번지 혜성빌딩 402호
전화번호 | 02-568-6111 **팩시밀리** | 02-568-6118
이메일 | books@seungsan.com **웹사이트** | www.seungsan.com

ISBN 978-89-6139-041-5 74410
    978-89-88907-85-6 (전9권)

이 도서의 국립중앙도서관 출판시도서목록(CIP)은 e-CIP홈페이지(http://www.nl.go.kr/ecip)와
국가자료공동목록시스템(http://www.nl.go.kr/kolisnet)에서 이용하실 수 있습니다.
(CIP제어번호: CIP2011002206)

First published by Charlesbridge Publishing Co. under the name of
PYTHAGORAS and the Ratios
Text Copyright ⓒ 2009 by Julie Ellis
Illustrations Copyright ⓒ 2009 by Phyllis Hornung Peacock
Korean translation righs ⓒ 2011 by SeungSan Books
This edition was published by arrangement with
Charlesbridge Publishing Co. through THE Agency

이 책의 한국어판 저작권은 더 에이전시를 통한 Charlesbridge Publishing과의
독점계약으로 도서출판 승산에 있습니다. 저작권법에 의해 한국 내에서 보호를 받는
저작물이므로 무단 전재와 무단 복제를 금합니다.

먼 옛날 그리스에 호기심이 아주 많은 소년이 살았어요.

피타고라스라는 이름의 이 소년은 세상 만물의 이치를 발견하길 좋아했어요. 그래서 곰곰 생각에 잠겼다가 그만 할 일을 까맣게 잊어먹기 일쑤였답니다.

돌멩이가 공중에 둥실둥실 떠 있을 수는 없을까? 그럴 수 없다는 것을 피타고라스가 실험으로 막 증명했을 때, 뭔가 울부짖는 듯한 소리가 들렸어요.

"아이고, 시끄러워! 이게 무슨 소리지?" 피타고라스가 외쳤어요.

피타고라스는 소리를 따라 항구가 내려다보이는 언덕 위로 올라갔어요.

"옥타비우스, 시끄럽게 군 게 너였어?" 피타고라스가 사촌에게 말했어요.

"응, 소리가 끔찍했지?" 옥타비우스가 고개를 끄덕이며 말했어요.

"음악 경연대회에 나가려고 새 팬파이프를 만들었어. 근데 소리가 고약해서 부모님이 글쎄 밖에 나가서 연습하라잖아. 뭐가 잘못되었는지 알아내지 못하면 경연대회에 나가지 못 할거야."

"내가 불어볼까?" 피타고라스가 불어봤지만 역시나 고약한 소리가 났어요. "맙소사, 진짜 끔찍하군!"

"그래." 옥타비우스가 말했어요. "적어도 내 탓은 아냐. 분명 팬파이프 탓이지."

"흠……. 내 것이랑 뭐가 다르기에 이럴까?" 피타고라스가 옥타비우스에게 말했어요. "내 팬파이프랑 줄자를 가져올게. 너는 철필이랑 점토판을 가져올래?"

집에 다녀온 피타고라스는 대롱 길이와 구멍 크기를 쟀어요. 옥타비우스는 철필로 점토판에 수치를 기록했어요.

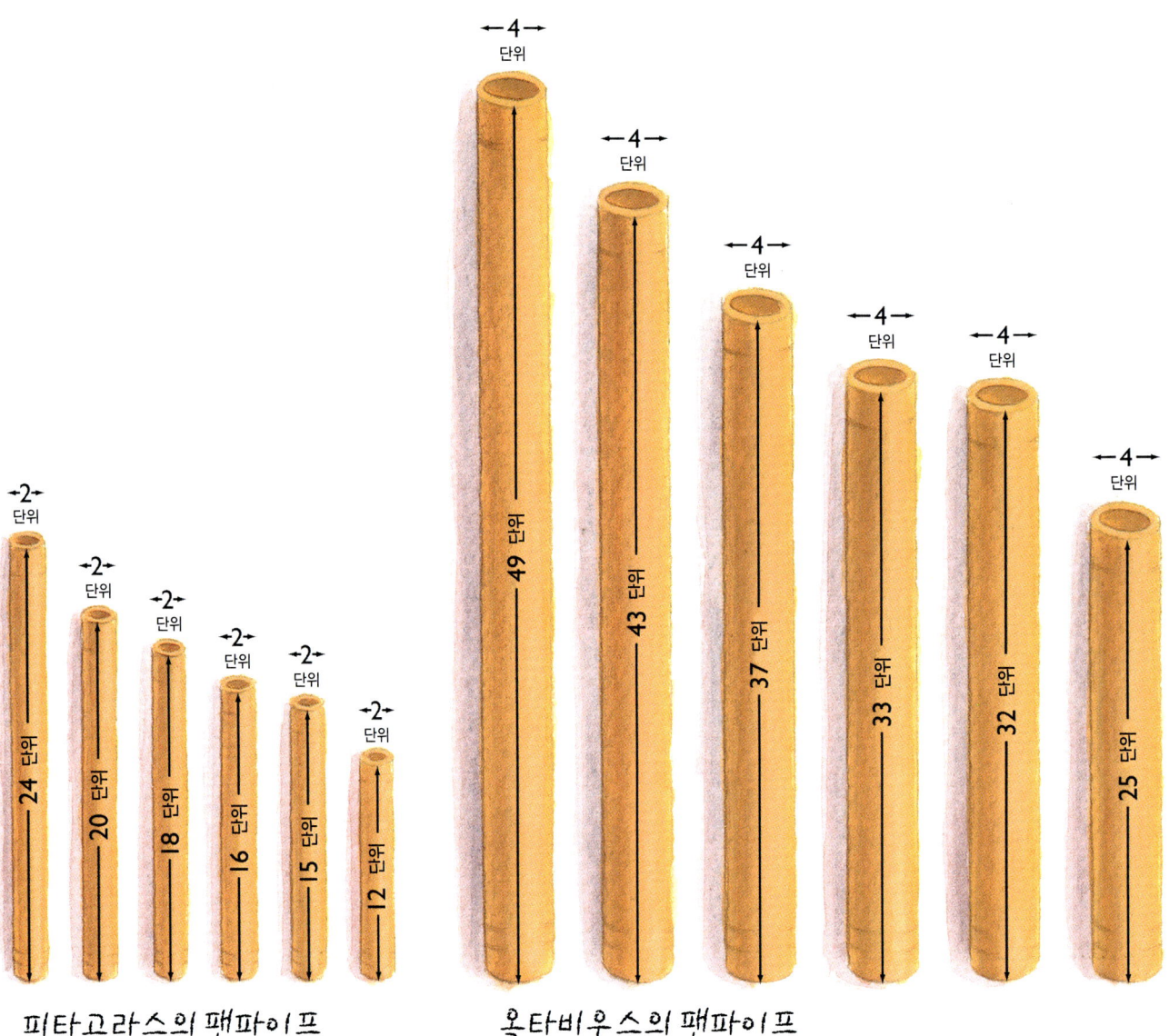

피타고라스가 말했어요.

"내 팬파이프의 가장 짧은 대롱을 다른 대롱들과 비교해 보자. 옥타비우스, 가장 짧은 대롱의 길이를 먼저 기록하고, 그 위에 다른 대롱의 길이를 기록해 줘."

옥타비우스는 12 위에 24라고 썼어요. 그리고 또 12 위에 20, 또 12 위에 18, 이렇게 계속 썼어요. 가장 짧은 대롱과 다른 대롱 다섯 개의 길이를 나란히 써서 비교해 보려고 그런 거예요.

"이 숫자들은 작은 숫자로 바꿀 수 있겠다." 피타고라스가 말했어요. "위아래 숫자를 같은 숫자로 나누면 돼. 12와 24는 둘 다 12로 나눌 수 있어. 그럼 1과 2가 되지."

피타고라스는 위아래 두 수를 나눌 수 있는 하나의 가장 큰 수, 그러니까 최대공약수를 알아내서 모두 작은 숫자로 바꾸었어요.

6은 1, 2, 3, 6으로 나눌 수 있어요. 이렇게 나머지가 나오지 않게 나눌 수 있는 수를 약수라고 해요[약수의 "약"은 "축약한다(줄여서 간단하게 한다)"는 뜻이죠]. 두 수에 공통으로 쓸 수 있는 약수는 공약수. 공약수 중에 가장 큰(최대) 수가 최대공약수. 약수로 나누는 것은 약분이라고 해요(약분의 "분分"은 "나눈다"는 뜻).

대롱	가장 작은 대롱과의 관계	최대공약수로 약분	약분한 결과
대롱 6	$\dfrac{24}{12}$	$\dfrac{(24 \div 12)}{(12 \div 12)}$	2 대 1
대롱 5	$\dfrac{20}{12}$	$\dfrac{(20 \div 4)}{(12 \div 4)}$	5 대 3
대롱 4	$\dfrac{18}{12}$	$\dfrac{(18 \div 6)}{(12 \div 6)}$	3 대 2
대롱 3	$\dfrac{16}{12}$	$\dfrac{(16 \div 4)}{(12 \div 4)}$	4 대 3
대롱 2	$\dfrac{15}{12}$	$\dfrac{(15 \div 3)}{(12 \div 3)}$	5 대 4
대롱 1	$\dfrac{12}{12}$	$\dfrac{(12 \div 12)}{(12 \div 12)}$	1 대 1

"팬파이프의 대롱들 사이에는 깊은 관계가 있는 것 같아. 그 관계를 알면 좋은 소리를 내는 비밀을 풀 수 있을 거야." 피타고라스가 팬파이프를 비교해 보며 말했어요. "네 팬파이프는 구멍 크기가 정확히 내 것의 두 배야. 그런데 길이는 두 배가 넘어."

피타고라스가 말했어요.

"내 팬파이프 대롱들 사이의 관계를 알아냈어. 이 관계 덕분에 좋은 소리가 나는 거라면, 네 악기도 그렇게 고치면 될 거야.
대롱의 구멍 크기를 바꿀 수는 없지만, 길이는 바꿀 수 있어.
그러니까 네 대롱을 조금씩 잘라내서 길이가 정확히 내 것의 두 배가 되게 하는 거야."

"자른다고?" 옥바티우스가 외쳤어요.
"그래서 소리가 더 나빠지면 어떡해?"

"믿고 맡겨 봐. 소리가 더 나빠지진 않을 거야."
피타고라스가 말했어요.

　피타고라스는 옥타비우스의 대롱 끝을 잘라냈어요. 그리고 옥타비우스가 연주를 해봤답니다.
"거봐, 내 것처럼 소리가 좋아졌잖아." 피타고라스가 말했어요.
"다른 점이 있다면 네 것은 소리가 굵고 내 것은 가늘어. 그건 네 대롱의 구멍이 커서 그럴 거야. 둘이 같이 연주해 보면 어떨까?"

"팬파이프는 같이 연주하지 않아. 소리가 잘 어울리지 않으니까 말이야." 옥타비우스가 말했어요.

피타고라스는 어깨를 으쓱했어요. "그래도 네가 전에 낸 소리보다 더 나쁘기야 하겠어?"

"그래, 그럼. '아폴로에게 바치는 노래' 연주할 줄 알아?"

피타고라스가 고개를 끄덕이자, 둘이 같이 팬파이프를 불기 시작했어요. 소리는 화음이 잘 맞았어요.

"됐어!" 피타고라스가 신이 나서 말했어요. "그런데 긴 대롱에서는 낮은 소리, 짧은 대롱에서는 높은 소리가 나는구나."

"어, 저기 아마라와 레냐가 온다." 옥타비우스가 말했어요. "저 애들에게도 듣기 좋았는지 물어보자."

"그래, 듣기 좋았어." 사촌 누이인 아마라가 말했어요. "근데 피타고라스 오빠한테 알려줄 게 있어서 왔어. 오빠 이제 야단맞게 생겼어."

"내가 뭘 어쨌기에?" 피타고라스가 물었어요.

"뭘 어째서가 아니라 어쩌질 않아서 문제야." 레냐가 말했어요. "오늘 오빠의 아버지가 올리브 열매 수확하시는 데 가서 돕기로 하지 않았어?"

"아, 맞다! 깜빡 잊어버렸어!" 피타고라스가 외쳤어요. 그러고는 부랴부랴 올리브 과수원으로 달려갔어요.

피타고라스가 숨을 헐떡이며 말했어요.
"아버지, 죄송해요. 깜빡 잊고 말았어요. 하지만 엄청난 발견을 했어요. 팬파이프 소리가 멋지게 나게 하는 방법을 알아냈거든요."
"그래도 맡은 책임을 다해야 하는 법이다." 아버지가 엄하게 말했어요. "그럼 이제 이 바구니를 올리브로 가득 채워서 집에 가져오렴."

피타고라스가 막 일을 하기 시작했을 때 아마라와 레냐가 찾아왔어요.

"우리 둘이 같이 리라를 연주해 봤는데, 화음이 안 맞아." 아마라가 말했어요.

"옥타비우스의 팬파이프처럼 우리 리라도 고쳐주지 않을래?" 레냐가 물었어요. "우리가 실력이 없어서 음악 경연대회에 참가할 수 없다고 생각하는 오빠들의 코를 납작하게 해 주고 싶어."

"올리브 열매 줍는 걸 도와 줘. 그러면 리라를 고쳐볼게." 피타고라스가 말했어요.

바구니가 가득 차자 피타고라스는 당나귀를 몰고 집에 돌아갔어요. 집에서 아마라와 레냐가 피타고라스에게 리라를 보여 주었어요.

"팬파이프 대롱들 사이의 관계처럼 리라의 줄들 사이에도 신비한 관계가 있을 거야." 피타고라스가 말했어요. "어떤 관계가 있는지 알아내야 해."

"하지만 리라 줄은 길이와 굵기가 모두 똑같은걸?" 레냐가 말했어요.

"그건 그래." 피타고라스가 말했어요. "그래도 뭔가를 바꾸긴 바꿔야 해."

그때 어머니가 들어왔어요.

"피타고라스, 우리 집 돌담을 고치려고 내일 석공이 올 거야. 길에 어질러진 돌들을 오후에 좀 치워주지 않을래? 크기대로 모아놓으면 돼."

피타고라스는 여자아이들에게 나중에 보자고 말했어요. 그리고 돌을 치우러 갔다가 갑자기 좋은 생각이 떠올랐어요.

"돌은 무게가 다 다르구나!" 피타고라스가 흥분해서 말했어요. "리라의 줄도 서로 무게를 다르게 하면 어떨까? 그러면 대롱의 길이를 바꾼 것과 같은 효과가 날 거야."

피타고라스는 돌멩이 무게를 재서 무게가 2 대 1인 돌멩이 두 개를 찾았어요. 리라의 첫 번째 줄과 마지막 줄에 쓰려고 한 거예요. 그리고 팬파이프의 중간 대롱들의 관계와 일치하는 다른 돌멩이도 찾아냈어요.

'내 생각이 맞는지 어서 알아보고 싶어.' 피타고라스는 저녁을 먹으러 집에 가며 생각했어요. 어머니가 부탁한 일은 까맣게 잊어버리고 말이에요.

이튿날 아침, 피타고라스는 레냐와 아마라를 찾아갔어요. 여자아이들은 시장에 가고 없었어요.

피타고라스는 새삼 허락을 받을 필요가 없다고 생각했어요. 그래서 여자아이들의 리라를 고치기 시작했어요. 먼저 아마라의 리라에서 줄을 풀고, 줄마다 돌멩이를 매달았어요. 그리고 줄을 하나씩 튕기며 팬파이프 소리와 맞춰보니, 두 악기의 음이 잘 맞았어요!

피타고라스가 레냐의 리라를 고치고 있을 때 여자아이들이 돌아왔어요.

"뭐 하고 있는 거야?" 아마라가 외쳤어요.

"리라가 내 팬파이프처럼 멋진 화음을 내도록 하는 방법을 알아냈어." 피타고라스가 대답했어요. "이 돌멩이들은 무게가 다 다른데, 무게 사이의 관계는 팬파이프 대롱 길이 사이의 관계와 같아."

"이런 리라를 어떻게 연주하라는 거야? 흔들리는 돌에 맞아서 멍들면 어떡해." 아마라가 투덜거렸어요.

"리라 줄을 알맞게 잡아당기려면 이 돌멩이가 필요해. 돌멩이에 부딪치지 않도록 조심해서 연주하면 될 거야." 피타고라스가 말했어요.

"재밌겠는걸?" 레냐가 말했어요. "돌멩이 달린 리라를 연주하는 건 우리밖에 없을 거야."

여자아이들은 시험 삼아 리라를 탔어요. 피타고라스도 팬파이프를 불며 같이 연주했어요.

"정말 아름다운 연주였어." 레냐가 웃으며 말했어요.

"이렇게 멋진 화음은 전에 들어보지 못했어." 아마라가 맞장구를 쳤어요.

"옥타비우스를 찾아보자." 레냐가 말했어요. "경연대회에서 우리 넷이 같이 연주하면 좋겠어."

"심사위원들이 못하게 할걸?" 피타고라스가 말했어요.

"미리 밝히지 않으면 돼!" 아마라가 불쑥 말했어요. "내가 옥타비우스를 찾아볼게. 내일 경연대회 나가기 전에 같이 연습을 하자고 할게."

"멋지겠다!" 피타고라스가 외쳤어요. "빨리 함께 연주해 보고 싶어."

피타고라스가 저녁에 집에 돌아가자, 아버지가 기다리고 있었다가 말했어요.

"오늘 석공이 왔다가 그냥 돌아갔다. 돌을 치워놓지 않아서 말이다. 어제 네 엄마가 너에게 그 일을 맡겼지?"

피타고라스는 어떻게 된 일인지 털어놓았어요. "돌멩이 무게를 느낀 순간 멋진 생각이 떠올랐지 뭐예요. 제가 찾던 해답을 찾은 거예요. 그래서 이제 우리가 음악 경연대회에 나가면……."

"변명은 그만해라, 피타고라스. 내가 하는 말을 잘 듣도록 해. 경연대회가 중요하다는 건 나도 안다만, 네가 맡은 책임도 마찬가지로 중요한 거란다. 너는 이 돌멩이를 모두 치우기 전에는 아무 데도 갈 수 없어."

"아버지, 제발 봐주세요!" 피타고라스가 아버지한테 빌었어요. "경연대회에 나가려면 그럴 시간이 없어요."

"다음에 또 멋진 생각에 홀려서 할 일을 까먹지 않으려면 이러는 수밖에 없다." 하면서 아버지는 봐주지 않았어요.

이튿날 아침 일찍 옥타비우스는 피타고라스가 돌을 치우고 있는 것을 보았어요.

"아마라가 나한테 계획을 말해 주었어." 옥타비우스가 말했어요.

"나는 못 가." 피타고라스가 어떻게 된 일인지 설명했어요. "이 돌들을 다 치우려면 한참 걸릴 테니까 말이야."

"내가 도와줄게." 옥타비우스가 말했어요. "저기 봐, 타노스와 로니우스가 오고 있어. 저 애들도 도와줄 수 있을 거야."

다가온 타노스가 대뜸 말했어요. "우리 누이동생들이 너희들과 같이 연주하지 않을 거라는 사실을 알려주러 왔어."

그리고 로니우스가 덧붙여 말했어요. "그 애들이 리라를 같이 연주해서 우리 집안을 웃음거리로 만드는 걸 원치 않아."

"웃음거리로 만드는 일은 없을 거야." 피타고라스가 반박했어요. "이걸 한번 들어봐."

피타고라스와 옥타비우스가 '아폴로에게 바치는 노래'를 연주했어요.

"그러고 보니 정말 멋진걸?" 로니우스가 감탄했어요. "내가 듣기에도 참 좋다." 타노스가 덧붙여 말했어요. "허튼소리를 해서 미안해. 우리도 같이 연주하면 안 될까?"

"그러려면 너희들의 팬파이프를 고쳐야 할 거야." 피타고라스가 말했어요. "하지만 이 돌들을 먼저 다 치워야만 그걸 고칠 수 있어."

"우리가 도와줄게." 타노스가 말했어요.

"아마라와 레냐도 돕게끔 데려올게." 로니우스가 덧붙여 말했어요.

다섯 명의 사촌들이 열심히 도와주자, 금세 돌들을 크기 별로 모아놓을 수 있었어요. 그러고서 피타고라스는 옥타비우스의 팬파이프를 고친 방식대로 타노스와 로이누스의 팬파이프도 고쳐주었어요. 일을 마친 사촌들은 서둘러 원형 극장으로 갔어요.

가는 도중에 내내 피타고라스는 사촌들에게 고마워하며 정말 훌륭한 사촌들이라고 칭찬을 했어요. 그런데 뒤돌아보며 말을 하다가 사고가 나고 말았어요. 앞으로 고꾸라지는 바람에 팬파이프가 땅에 떨어져서 부러지고 만 거예요.

"어쩌면 좋아." 아마라가 부러진 대롱을 보며 말했어요.

"에휴, 나는 연주하기 틀렸다. 그래도 너희들이 연주하는 걸 들을 수는 있어. 어서 가자!" 피타고라스가 말했어요.

사촌들은 원형 극장에 가서 연주할 차례를 기다렸어요.

"내가 제일 앞에 서고 싶어." 아마라가 말했어요.

"하지만 내가 더 키가 작은걸?" 하며 레냐도 앞에 서고 싶어 했어요.

"키 순서대로 나란히 옆으로 서지 그래." 피타고라스가 말했어요. "레냐, 아마라, 타노스, 로니우스, 옥타비우스, 이런 순서대로 말이야."

피타고라스 말에 다들 마음이 차분해졌어요. 심사위원들이 옥타비우스 이름을 부르자, 다 함께 무대로 올라갔어요.

사람들은 어리둥절했어요. 여러 사람이 함께 연주를 한 적이 없었거든요.

"뭐야, 장난치는 거야?" "연주는 누가 할 거야?" 하고 관중들은 법석을 떨기 시작했어요.

피타고라스가 사촌들에게 신호를 보내자 다 함께 연주를 하기 시작했어요. 남자아이들은 열정적으로 팬파이프를 불고, 여자아이들은 흔들거리는 돌멩이에 얻어맞지 않게 잘 서서 우아하게 리라를 켰답니다. '아폴로에게 바치는 노래'가 멋지게 울려 퍼졌어요. 연주가 끝나자 극장 안은 잠시 쥐 죽은 듯 고요했어요.

그러다 모든 사람이 우렁찬 박수갈채를 보냈어요. 연주를 끝내고 리라에 매달려 흔들리던 돌멩이가 미처 멈추기도 전에 피타고라스한테 아버지가 다가왔어요.

"피타고라스, 여기서 너를 보다니 뜻밖이구나." 아버지가 말했어요.

"사촌들이 도와줘서 돌은 다 치웠어요."

"그래, 착하게도 네 책임을 완수했구나." 아버지가 말했어요.

"연주도 참 좋았어. 사람들이 너희를 록그룹이라고 부르더구나."

"록그룹이라는 말이 마음에 들어요." 옥타비우스가 말했어요.

"이제 보니 참 묘한걸?" 피타고라스가 사촌들에게 말했어요.

"너희들이 연주할 때처럼 나란히 서 있는 걸 보니, 키가 대롱들 사이의 관계랑 똑 닮았어. 그렇게 크고 작은 관계를 비율이라고 해. 그러니까 대롱들 길이의 비율과 너희들 키의 비율이 똑 닮은 거야. 이건 정말 멋진 비율이야!"

그러자 키가 제일 작은 레냐가 기분 좋게 말했어요. "나는 키가 작다고만 생각했는데, 이제 보니 내 키는 우리 록그룹을 위해 딱 좋은 키야."

돌멩이를 뜻하는 영어 단어 록rock에는 "흔든다"는 뜻도 있어요. 1950년대 미국에서 리듬이 강렬하고 열정적인 음악이 생겨났는데, 이 음악만 들으면 신나게 몸을 흔들고 싶어져서 그걸 록음악이라고 불렀답니다. 록음악 연주 동아리를 록그룹이라고 해요.

　그 해 여름부터 피타고라스는 맡은 책임을 잊지 않고 척척 잘해냈어요. 아버지는 새 팬파이프를 사주었답니다. 그래서 사촌들이랑 날마다 연주를 했어요.
　사람들 앞에서 연주를 할 때면 이렇게 자기소개를 했답니다.
"세계 최초의 록그룹, 피타고라스와 멋진 비율!"이라고.

역사 이야기

피타고라스는 지금으로부터 2,500여 년 전에 고대 그리스의 사모스 섬에서 태어났답니다. 그 유명한 피타고라스의 정리를 알아낸 사람이죠(직각삼각형에서 제일 긴 변의 제곱은 다른 두 변의 제곱을 더한 것과 같다). 그뿐만 아니라 피타고라스는 음악에 대해서도 중요한 발견을 많이 했어요. 서로 어울려서 멋진 소리를 내는 음들 사이에는 특별한 수학적 비율이 있다는 사실을 발견하기도 했어요. 피타고라스는 그 수학 비율대로 "도레미솔라도"라는 6음 음계를 만들어냈답니다. 수백 년이 지난 후 음악가들은 반음을 두 개 보태서, 오늘날 사용하는 "도레미파솔라시도(높은 도)" 라는 8음 음계를 만들어냈죠.

지금으로부터 2,000년쯤 전에, 게라사의 니코마코스라는 수학자가 피타고라스의 음악 실험에 관한 글을 썼어요. 니코마코스의 이야기에 따르면, 피타고라스는 (이 책에서 어린 피타고라스가 한 것처럼) 악기의 줄에 무거운 것을 매달고 연주를 하면서, 그가 만든 화음들의 음악적 비율을 알아냈다고 합니다. 하지만 오늘날의 학자들 말에 따르면, 니코마코스가 말한 비율 이야기는 맞지만, 그렇게 무거운 것을 매달아 연주를 해서는 그런 실험 결과를 낼 수 없다고 합니다. 그러니 피타고라스가 실제로 돌멩이를 매달고 실험을 한 것 같지는 않아요. 하지만 흥미진진하게도 모노코드라는 현악기로 비슷한 수학적 실험을 해서 성공했다는 것은 사실입니다. 니코마코스 이야기처럼, 이 책의 이야기는 수학과 음악 사이의 관계에 대한 피타고라스의 뜻깊은 발견을 기리고 있습니다.

피타고라스의 비율을 이용해서 악기 만들기

같은 크기의 유리컵 여섯 개에 아래와 같은 양의 물을 담으세요. 그런 다음 나무젓가락 같은 걸로 두드려서 소리를 내보세요.

유리컵	물	관계	피타고라스의 비율
6	360㎖	360/180	2 대 1
5	300㎖	300/180	5 대 3
4	270㎖	270/180	3 대 2
3	240㎖	240/180	4 대 3
2	225㎖	225/180	5 대 4
1	180㎖	180/180	1 대 1

현대 악기 조율하기

오늘날의 리라는 줄을 조율하기 위해 돌멩이를 사용하지 않아요. 대신 줄을 줄감개peg에 감아서 팽팽하게 조이거나 풂으로써 조율을 한답니다. 기타를 조율하는 것과 비슷해요. 기타머리의 줄감개를 감거나 풀어서 줄이 팽팽한 정도를 조절하는 거예요. 그러면 이번 이야기에서 피타고라스가 리라를 조율하면서 돌멩이 무게를 이용한 것과 같은 효과를 내요.

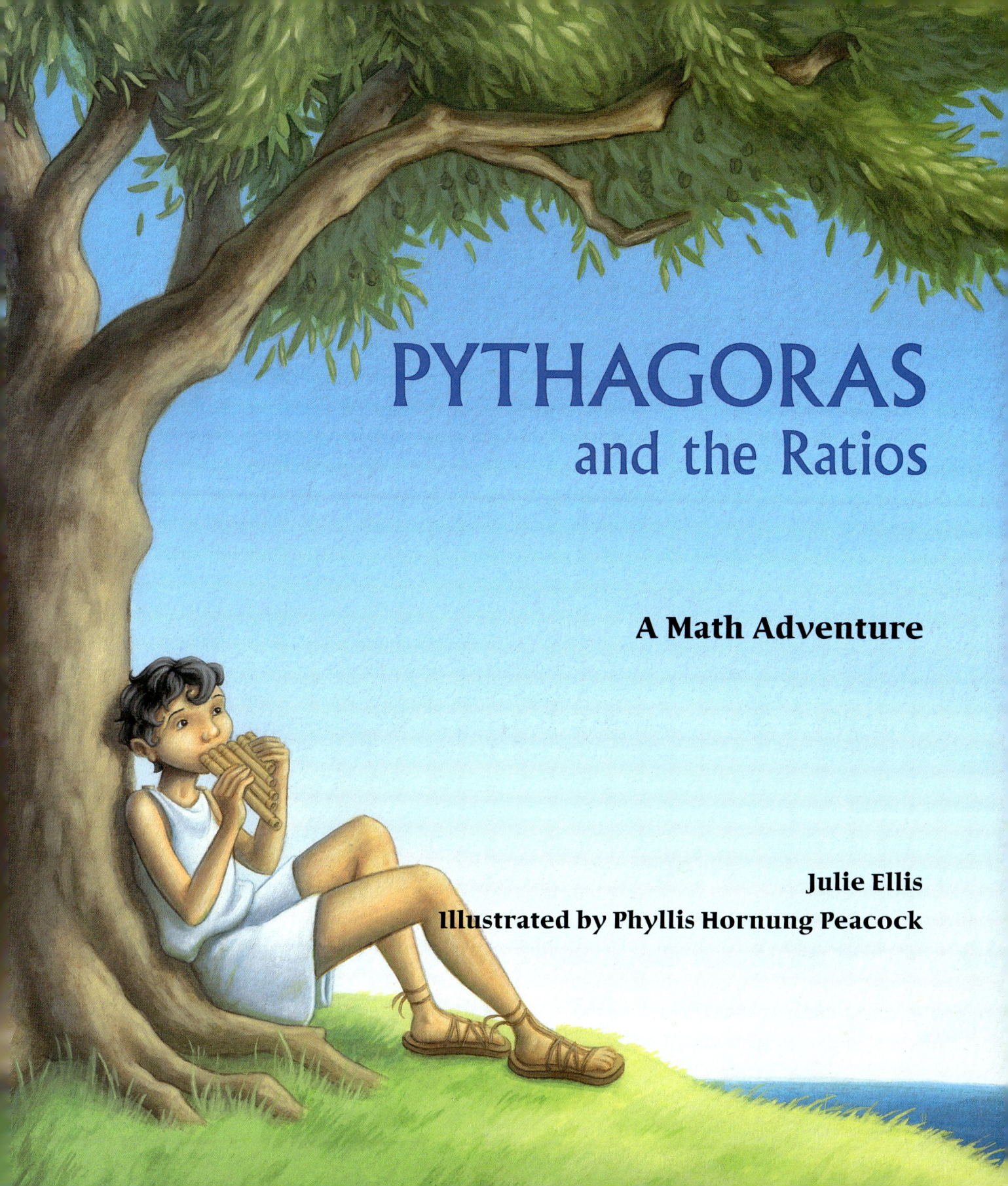

Long ago in ancient Greece, there lived a curious boy named Pythagoras. He liked finding out how things worked, which sometimes caused him to forget to finish his chores.

One day Pythagoras had just finished proving that rocks cannot float when he heard a deep and horrible howling sound.

"Zeus's beard!" he yelled. "What is that?"

He followed the sound to the top of a hill overlooking the harbor.

"Octavius," said Pythagoras to his cousin, "were you making that awful noise?"

"Unfortunately, yes," Octavius said, nodding. "I made these new pipes for the music contest. They sound so bad that my parents sent me outside to practice. If I can't figure out what's wrong, I won't be able to compete in the contest."

"Let me try," Pythagoras suggested. He played the same awful sounds. "By Apollo's hammer, that is terrible!"

"Well," Octavius said, "at least it isn't me—it's definitely the pipes."

"Hmm . . . I wonder how they are different from mine." Pythagoras said to Octavius. "I'll get my pipes and a measuring cord. Can you get a stylus and a clay tablet?"

Pythagoras measured the length and width of each pipe. Octavius used the stylus to scratch the measurements into the clay tablet.

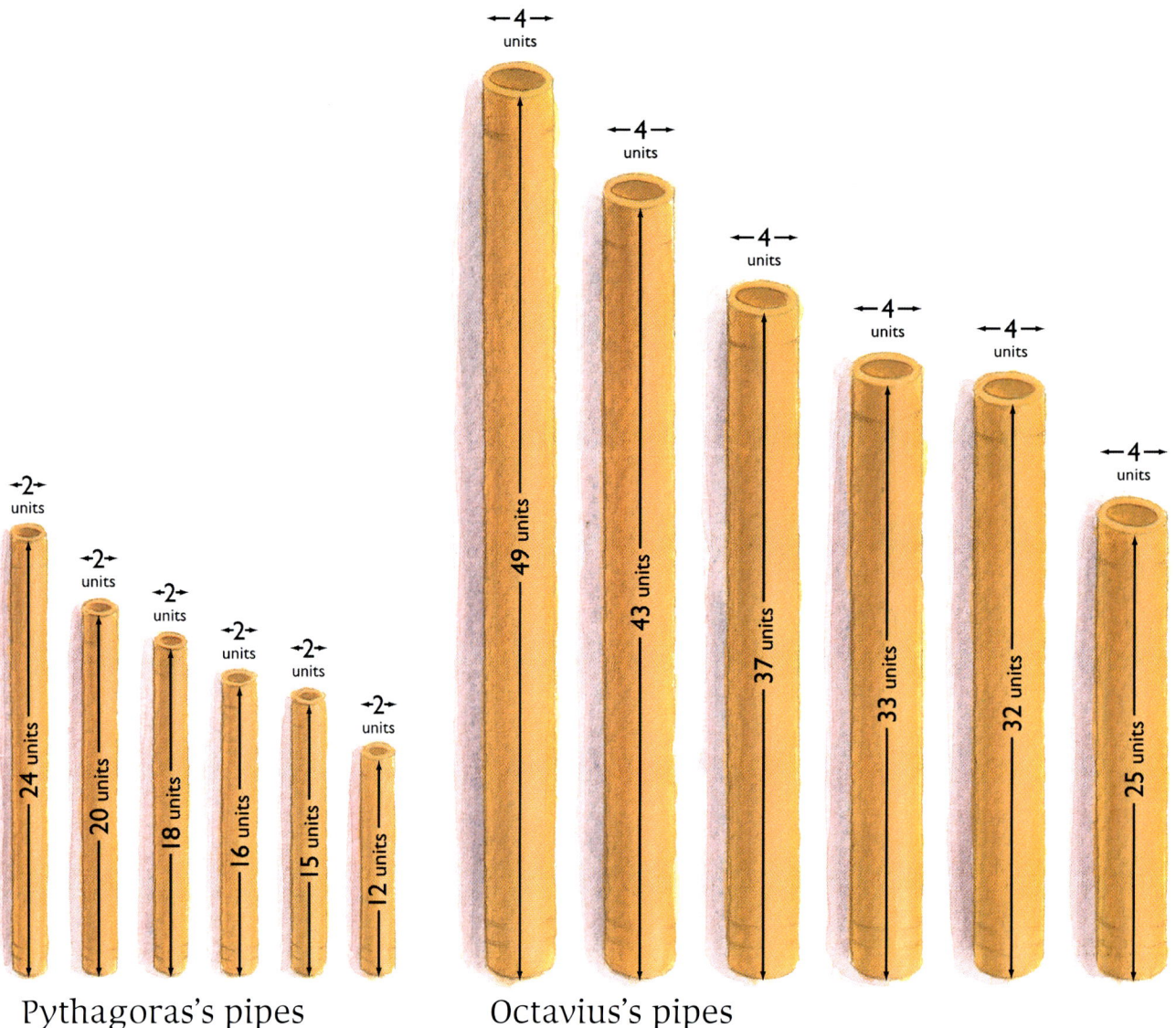

"Look at how the length of the shortest of my pipes compares to the longest," Pythagoras said. "Octavius, write the length of each of my pipes above the length of the shortest."

Octavius wrote 24 over 12, then 20 over 12, and so on, to compare the other five pipes to the shortest one.

"We can simplify these numbers," Pythagoras said, "if we divide both the top and bottom numbers by the greatest common factor. For 24 over 12, I can divide both by 12."

For each pair Pythagoras figured out the biggest number that could go into the top and bottom numbers.

Pipe	Relationship to Smallest Pipe	Simplifying by the Greatest Common Factor	Simplified Relationship
Pipe 6	$\dfrac{24}{12}$	$\dfrac{(24 \div 12)}{(12 \div 12)}$	2 to 1
Pipe 5	$\dfrac{20}{12}$	$\dfrac{(20 \div 4)}{(12 \div 4)}$	5 to 3
Pipe 4	$\dfrac{18}{12}$	$\dfrac{(18 \div 6)}{(12 \div 6)}$	3 to 2
Pipe 3	$\dfrac{16}{12}$	$\dfrac{(16 \div 4)}{(12 \div 4)}$	4 to 3
Pipe 2	$\dfrac{15}{12}$	$\dfrac{(15 \div 3)}{(12 \div 3)}$	5 to 4
Pipe 1	$\dfrac{12}{12}$	$\dfrac{(12 \div 12)}{(12 \div 12)}$	1 to 1

"I wonder if the relationship among my pipes is what makes them sound good together." Pythagoras compared the two sets of pipes. "Each of your pipes is exactly twice as wide as mine," he said, "but they are more than twice as long.

"If the relationship that we've discovered works for my pipes, maybe it will work for yours, too. We can't change the width of your pipes, but we can change the length. Let's cut your pipes so that each one is exactly twice as long as mine."

"Cut them!" Octavius cried. "What if they sound worse?"

"Believe me," Pythagoras said, "nothing could sound worse."

Pythagoras cut Octavius's pipes. Then Octavius played them.

"Now your pipes sound like mine," Pythagoras said, "only yours still sound deep while mine sound lighter. I'll bet that's because your pipes are wider. I wonder what would happen if we played at the same time."

"No one plays pipes together," answered Octavius. "It sounds horrible."

Pythagoras shrugged. "It couldn't be worse than how you sounded earlier."

Octavius agreed. "Do you know 'Ode to Apollo'?"

Pythagoras nodded, and they began to play. The sounds were in tune.

"It worked," Pythagoras said excitedly. "The lengths of the pipes control how high or low the sound is."

"Here come Amara and Reyna," Octavius said. "Let's hear what they think."

"That sounded excellent, but we've come to warn you, Pythagoras. You're in trouble," his cousin Amara said.

"What have I done now?" Pythagoras asked.

"Nothing," Reyna said. "*That's* the trouble. You were supposed to help your father gather olives today."

"Oh, no, I forgot all about it!" Pythagoras cried, and he ran toward the olive grove.

"Father," Pythagoras gasped, "I'm sorry I forgot about the olives, but I made an amazing discovery. I know how to tune pipes!"

"You need to tune in to your responsibilities," his father replied sternly. "Now fill this pannier with olives and then come home."

Pythagoras had just started to work when Amara and Reyna found him.

"We tried to play our lyres together," Amara said, "but they sounded awful."

"Can you fix our lyres like you did Octavius's pipes?" Reyna asked. "We want to prove to our brothers that we are good enough to enter the music contest, too."

"Help me pick up these olives," Pythagoras said, "and then I'll try to figure out your lyres."

When the pannier was full, Pythagoras led the donkey home. Then Amara and Reyna showed their lyres to Pythagoras.

"It may be that the relationship between each lyre string has to be the same as the relationship between the length of my pipes," Pythagoras said. "We just have to figure out what that relationship is."

"But lyre strings are all the same length and thickness," Reyna said.

"Yes," Pythagoras agreed, "so something else about the strings has to change."

Just then his mother walked in.

"Pythagoras," she said, "the mason is coming tomorrow to rebuild our wall. Please move the rocks out of the way and sort them into piles by size this afternoon."

Pythagoras told the girls he'd see them later and went to work sorting the rocks. Suddenly he had an idea.

"Rocks are different weights," he said excitedly. "Maybe putting different weights on the strings would have the same effect as changing the lengths of the pipes."

Pythagoras weighed rocks until he found some with a 2 to 1 relationship to use for the first and last strings. Then he found four others with the same relationships as the middle pipes.

I can't wait to test my idea, Pythagoras thought as he went in for dinner, forgetting about moving the rest of the rocks.

The next morning Pythagoras went looking for Reyna and Amara. They had already left for the marketplace.

He was sure they wouldn't mind, so he went inside and got their lyres. He untied the strings on Amara's lyre and tied a rock to each one. Then he plucked each string and played his pipe. The notes matched!

Pythagoras was working on Reyna's lyre when the girls returned.

"What are you doing?" Amara cried.

"I figured out how to make the lyre sounds match my pipes," Pythagoras answered. "The relationship between the weights of these rocks is the same as the relationship between the lengths of my pipes."

"How can I play a lyre with rocks swinging back and forth, hitting me?" Amara complained.

"We need the rocks in order to make the right amount of pull on each string. You'll just have to be careful when you play so the rocks don't hit you," Pythagoras said.

"I think it's interesting," Reyna said. "We'll be the only girls with rocks on our lyres."

The girls tested their lyres by playing a song. Pythagoras joined in on his pipes.

"That was beautiful," Reyna said, smiling.

"I've never heard anything like it," Amara agreed.

"Let's find Octavius," Reyna said. "Then all four of us can play together at the contest."

"The judges might not let us," Pythagoras said.

"It'll be a secret!" Amara burst out. "I'll find Octavius and ask him to join us tomorrow to practice before the contest."

"Great!" Pythagoras exclaimed. "I can't wait."

When Pythagoras got home that evening, his father was waiting for him.

"Today the mason went home because the rocks were not moved out of his way," his father said. "Your mother asked you to do that yesterday."

Pythagoras tried to explain. "When I felt the weight of the rocks, I got a great idea. It was the solution I needed, and now when we play in the contest . . ."

"Stop right there, Pythagoras, and take note of what I say. I know the contest is important, but so are your responsibilities. You may not go anywhere until you move all those rocks."

"Father, please!" Pythagoras pleaded. "There's not enough time to move them before the contest."

"It's the only way you'll remember to finish your chores the next time you're distracted by a new idea," his father replied.

Early the next morning Octavius found Pythagoras moving rocks.

"Amara told me the plan," said Octavius.

"I can't go." Pythagoras explained what had happened. "It'll take me too long to move all these rocks."

"I'll help you," Octavius said. "Look, here come Thanos and Ionius. They might help us, too."

"We've come to tell you that our sisters won't be joining you," announced Thanos.

"We don't want them to embarrass the family by trying to play their lyres together," Ionius added.

"They won't," Pythagoras answered. "Just listen to this."

He and Octavius played "Ode to Apollo."

"That actually sounded good," Ionius exclaimed.

"I liked it, too," Thanos added. "I'm sorry we started on the wrong note. Can we join your group?"

"I would have to fix your pipes," Pythagoras said. "But I can't do that until I move all these rocks."

"We'll help you," Thanos said.

"We'll get Amara and Reyna to help, too," Ionius added.

All five cousins pitched in to help, and soon the rocks were sorted. Then Pythagoras fixed Thanos's and Ionius's pipes the same way he had fixed Octavius's. When they were finished, they rushed to the amphitheater.

All the way Pythagoras kept saying what great cousins they were and thanking them. He was looking over his shoulder when it happened. Pythagoras tripped. His pipes were in pieces on the ground.

"This is awful," Amara said, looking at the broken pieces.

"Well, *I* can't play, but at least I'll be there to hear *you*," Pythagoras said. "Let's go!"

At the amphitheater they waited for their turn.

"I want to stand in front," Amara said.

"But I'm shorter!" Reyna quarreled.

"Why don't you stand in a line according to height," Pythagoras said. "It should be Reyna, Amara, Thanos, Ionius, Octavius."

Pythagoras soon had the group composed. When the judges called Octavius's name, the whole group marched onto the stage.

The audience began to whisper. "Is this a joke?" "Who's going to play?" They didn't know what to think, because a group of people had never been able to play together in unison.

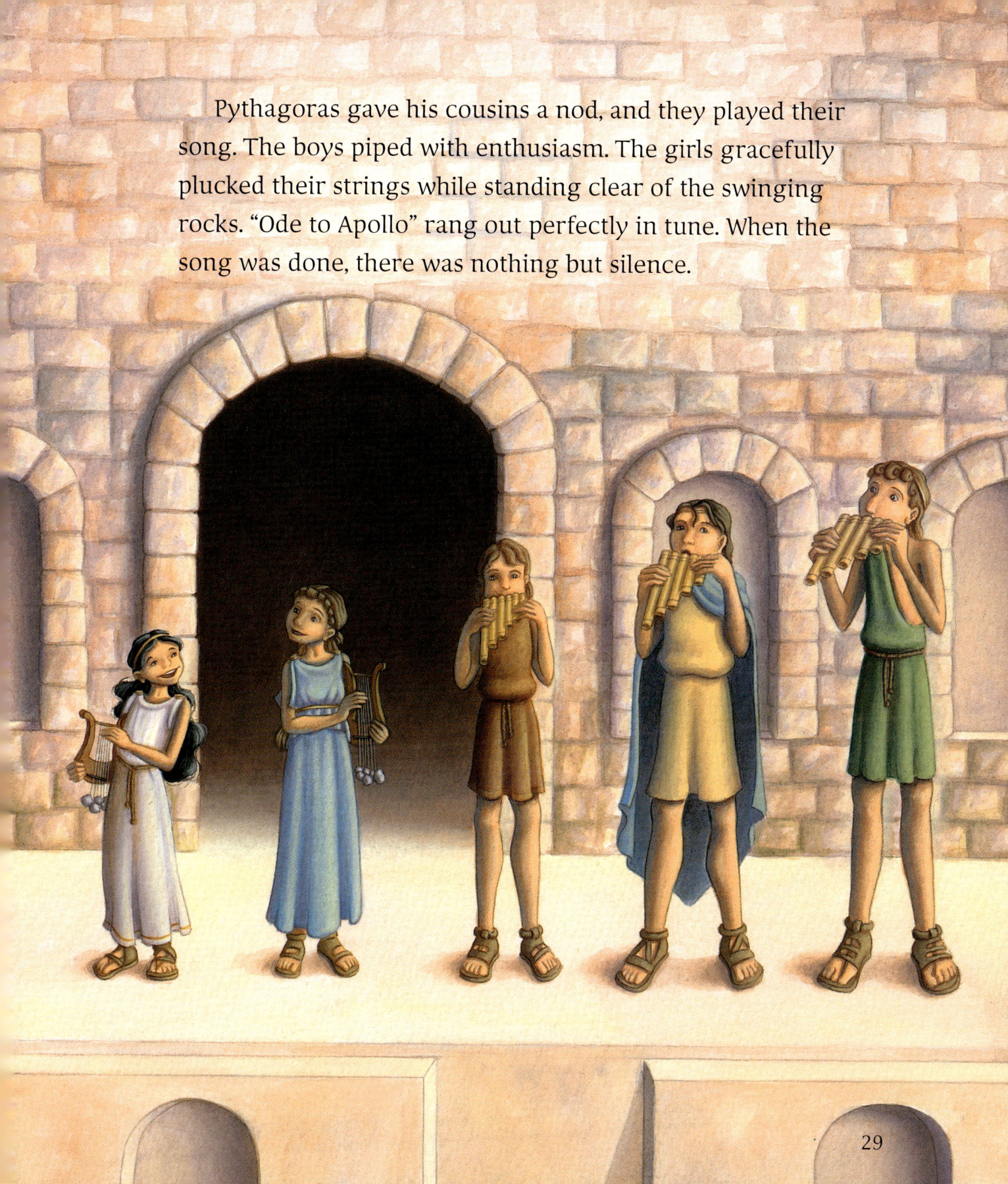

Pythagoras gave his cousins a nod, and they played their song. The boys piped with enthusiasm. The girls gracefully plucked their strings while standing clear of the swinging rocks. "Ode to Apollo" rang out perfectly in tune. When the song was done, there was nothing but silence.

Then everyone applauded and cheered. The lyres' rocks were still swinging when Pythagoras saw his father.

"Pythagoras," he said, "I'm surprised to see you here."

"I finished moving the rocks with my cousins' help."

"It's good that you took care of your responsibilities," replied his father. "The music sounded good, too. People are calling you the 'rock group.'"

"I like the way that sounds," Octavius said.

"This is funny," Pythagoras said to his cousins. "You're standing in the same order as when you were playing, and your heights have a similar relationship to the lengths of the pipes. So I was thinking, when we measure relationships, let's call them RATIOs for the first letters of your names."

"I'm not small now," Reyna said happily. "I'm the right size for our group."

That summer Pythagoras was better at finishing his chores. His father even gave him a new set of pipes and let him play music with his cousins every day.

Whenever they performed, they introduced themselves as Pythagoras and the Ratios—the first rock group.

Historical Note

Pythagoras (pye-THAG-uh-rus) was born on the Greek island of Samos around 569 BCE. Well known for his Pythagorean theorem, he also made important discoveries concerning musical tuning. Pythagoras discovered that notes that sound pleasant together have a particular mathematical ratio. He made a 6-note scale according to that mathematical ratio. Centuries later, musicians added more notes to get the 8-note scale that we commonly use today.

During the second century CE, Greek mathematician Nichomachus of Gerasa wrote of Pythagoras's experiment with musical strings. According to Nichomachus's story, Pythagoras hung weights from strings (similar to what young Pythagoras does in this book) and found a mathematical ratio for the harmonious sounds he created. Today's scholars point out that while the ratios as Nichomachus described them do correspond with the tones described, using weights to attain this result does not work in practice. It's likely that Pythagoras never performed this experiment, but interestingly enough, Pythagoras did successfully perform similar mathematical experiments on another stringed instrument called a monochord. Like Nichomachus's tale, our story celebrates Pythagoras's discovery of the relationship between mathematics and music.

Make an Instrument Using Pythagorean Ratios

Using six identical glasses (Pythagoras probably used thin pottery cups), put water in each glass, according to the amounts listed below. Then make up a tune by tapping the glasses with a pen.

Glass	Water	Relationship	Pythagorean ratio
6	360 ml	$\frac{360}{180}$	2 to 1
5	300 ml	$\frac{300}{180}$	5 to 3
4	270 ml	$\frac{270}{180}$	3 to 2
3	240 ml	$\frac{240}{180}$	4 to 3
2	225 ml	$\frac{225}{180}$	5 to 4
1	180 ml	$\frac{180}{180}$	1 to 1

Tuning Modern Instruments

Modern lyres don't use rocks to tune the strings. The strings are instead wrapped around pegs, which tighten or loosen the strings when turned to create tension. This is similar to how a guitar is tuned. The tension has the same effect as the weight of the rocks is meant to have for the lyres that Pythagoras tuned in this story.